好きからはじまる！

未来につながる「世界の賞」

③スポーツ・ゲームが得意なきみへ

著 「世界の賞」取材班

汐文社

はじめに

スポーツ、ゲーム、音楽、ダンスなど自分の体を動かしてプレイするものの中で、

あなたが夢中になっていることは何ですか?

何度でも繰り返し練習するし、もっと練習したくなる、

上手くできなくてもあきらめずに挑戦していることは何でしょう。

この本には、楽しいと思ってはじめて、

続けるうちにできないことにぶつかって、

それでも何度も挑戦し続けて「賞」を取った人が登場します。

そんな人たちは、口をそろえて「あきらめない」と言います。

楽しいから、できたときに本当にうれしいから……。

挑戦し続けた先の喜びを知っているから、できるのです。

それが仕事になっている人もいます。

今、夢中になっていることがある人にも

まだ、夢中になれるものが見つかっていない人にとっても

好きなことを生かすヒントがこの本にはあります。

できないことは、何度でも挑戦すればできるようになるよ。

不安になったときこそ、何度も練習すればいいんだよ。

だって、壁を乗り越えた先に、本当によかったと思える瞬間があるから。

そんなメッセージを受け取っていただけると幸いです。

「世界の賞」取材班

※本書に掲載されている情報は、2024年12月末現在のものです。最新の情報をご確認ください。なお、賞名は受賞当時の名称を紹介しています。

この本のみかた

この本では、テーマごとに受賞した人のインタビューを紹介しています。
またそのテーマの大会やコンテストなども紹介しています。

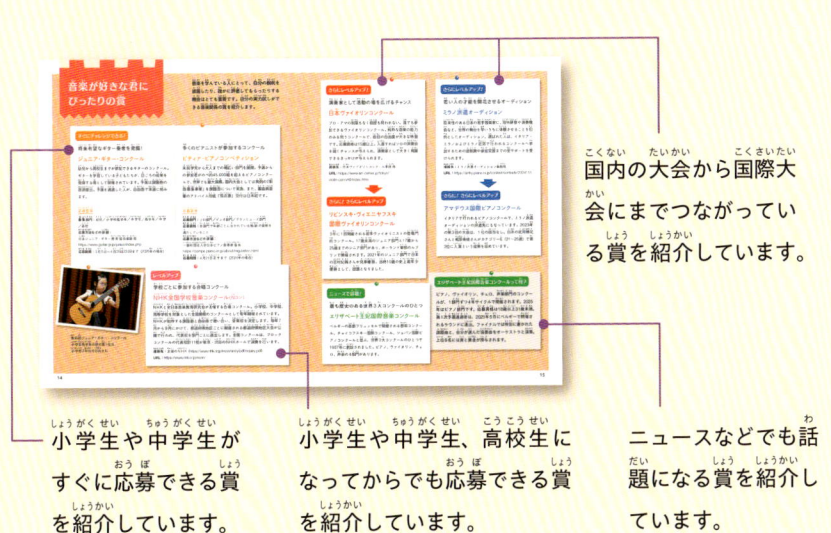

国内の大会から国際大会にまでつながっている賞を紹介しています。

「好き！」の先にあるいろいろな賞では、さまざまな競技などで挑戦できるテーマで、小学生から応募できる賞を紹介しています。

小学生や中学生がすぐに応募できる賞を紹介しています。

小学生や中学生、高校生になってからでも応募できる賞を紹介しています。

ニュースなどでも話題になる賞を紹介しています。

日本男子初の快挙！ 努力を努力と思わず、やるべき練習に取り組んだ結果のメダル獲得

インタビュー

安楽宙斗さん

JSLO所属
千葉県立八千代高等学校3年（受賞時・現在）

写真提供：©WIN AGENT

「パリ2024オリンピック」銀メダル

写真提供：©WIN AGENT

💡 負けず嫌いが成長の原動力！

「パリ2024オリンピック競技大会」のスポーツクライミングで、日本代表に選出された安楽さんは銀メダルを獲得しました。この競技で、日本の男子選手がメダルを獲得したのは初めてのことでした。国内大会やユースの国際大会で実績を上げ、2023年には、世界ランキング1位になっていました。オリンピックを振り返り、「リードが完敗だった。表彰台に乗ることは最低限の目標だったので、3位以内に入れたのはうれしいが、金メダルを狙って集中して一生懸命やってきたので、すごくくやしい」と話します。パリオリンピックのスポーツクライミングは、課題と呼ばれる高さ4.5 mの壁を制限時間の4分間でいくつ登れるかを競うボルダーと、高さ15 mの壁を制限時間の6分間でどこまで登れるかを競うリードの複合種目。ボルダーではトップのポイントを獲得しましたが、リードでは全体で5位のポイントでした。

ボルダリングをはじめた小学2年生のころから「勝ちたい気持ちを常に意識していた。さぼらず、やるべき練習に取り組む。それが自分の成長を後押ししてくれている」と話す安楽さん。負けず嫌いで、真面目な性格が、世界で戦う強さを作っています。

世界一大きなスポーツの祭典
「オリンピック競技大会」

4年に一度開かれるスポーツの祭典「オリンピック」。スポーツを通して世界の平和を願う大会でもあり、2024年のパリ大会では世界206の国・地域の選手が参加し、32競技329種目の試合が行われた。スポーツクライミングが競技に加わったのは東京2020オリンピックから。これまでは追加競技であったが、2028年ロサンゼルスオリンピックでは正式競技として実施される。

長い手足を生かして、ホールドを移動

写真提供：©WIN AGENT

安楽さんの道のり

5歳 — 木登りが得意だった

小2 — ボルダリングをはじめる／初めての競技会

「第1回Aqua Bank ボルダリング小学生競技大会」優勝

小6 — 小学生の頂点に

写真提供：©Jan Virt IFSC

中2 — 「IFSC世界ユース選手権2021」ボルダー準優勝／リード優勝

写真提供：©WIN AGENT

「第5回コンバインドジャパンカップ」ボルダリング優勝／リード優勝

高1

「IFSCアジア大陸予選」総合優勝

高2

「IFSCクライミングワールドカップ2023」ボルダー優勝／リード優勝

高3

「パリ2024オリンピック競技大会」銀メダル

未来を生きる君たちへ

がんばることは楽しい！だからはじめてみよう！

　木登りの延長ではじめたクライミングですが、最初のころは大会で勝ったり負けたりするのが、ただ楽しくて続けてきました。勉強では数学が得意なんですよ。基礎をしっかり学んで、解き方と結びつけていく数学は、いろんな動作を結びつけて登るクライミングと似ているからかなとも思っています。そして、どちらも好きだからこそ、がんばれるのかなと。何かをがんばりたいけど、失敗したら嫌だなと思う人もいるかもしれません。僕も、トップを狙ったのに2位になりましたから。でもがんばることは、楽しいです！　だから何かはじめてみませんか。

さらなる頂点を目指す！

　近所のジムに父親と一緒に行ったことがきっかけで、ボルダリングをはじめた安楽さん。4年後の小学6年生で、小学生の頂点に。「登るのが楽しくて、ひたすら登っていた」と当時を振り返ります。ぐんぐんと力をつけていき、中学生のころから多くの国際大会に参加。「クライミングの能力というよりは、最大出力を引き出すウォームアップや集中の仕方、5分間の競技中の精神面などの部分を、大会に参加するたびに反省し、いろいろと試行錯誤してきました」。国際大会の経験は、技術以外の面を大きく成長させる経験になったと話します。ただ、どんなにやっても1位を取れないこともあります。だからこそ、「次の大会にはここを直して勝ちたい」という気持ちでトレーニングをして、「いつでも強い」状態を作って、さらに頂点を目指したいと言います。

写真提供：©aflo

写真：長田洋平/アフロスポーツ

スポーツが好きな君にぴったりの賞

スポーツに打ちこむ人にとって、あこがれの舞台があります。それぞれの分野の頂点を目指して、選手たちは日々努力しています。気軽に参加できる大会から世界最高峰の大会まで、スポーツの大会を紹介します。

すぐにチャレンジできる！

親子で楽しくマラソン大会

いすみ健康マラソン ～増田明美杯～

小学生や未就学児が参加できるマラソン大会。ハーフマラソンの制限時間は3時間。フラットなコース、比較的ゆるやかな制限時間でマラソン初挑戦に適しています。各部門10位まで、小学生は各学年男女別に表彰します。

応募要項

参加資格：健康で大会のルール・マナーを遵守できる方、18歳未満は保護者の出場承諾が必要、ファミリーの部は成年者と未就学児（4歳～6歳）の2人1組。※年齢は大会当日

募集部門：10kmの部／小学1～2年生の部／小学3～6年生の部／中学生の部／ハーフマラソンの部／5kmの部／ファミリーの部／ウォーキングの部

応募方法などの詳細：いすみ健康マラソン実行委員会事務局

https://www.isumi-marathon.info/

応募期間：7月17日～8月30日（2024年の場合）

いすみ健康マラソン
増田明美さんのスタート合図で競技開始

キッズクライマーの登竜門

全国ボルダリング小学生競技大会

全国の小学生クライマーがボルダリングの日本一を目指して挑む大会。小学3～4年生、小学5～6年生の各男女に分かれて、5つの課題に5分でトライ。キッズクライマーの登竜門として年々注目度が高まっている大会です。

応募要項

募集部門：小学3～4年生／小学5～6年生
応募資格：小学3～6年生
応募方法などの詳細：
一般社団法人アクション・スポーツ推進委員会

https://japan-youth-bouldering.jbp.rocks/

応募期間：9月9日～9月16日23:59（2024年の場合）

レベルアップ

テニス界の小学生日本一を決める

全国小学生テニス選手権

地区大会で上位の成績を収めた小学生が参加できます。大会はシングルスのみでトーナメント方式で行われ、本戦ではベストオブ3タイブレークセットマッチで勝敗を決めます。過去の優勝者には、世界で活躍している錦織圭選手（第19回大会）や奈良くるみ選手（第21回大会）、西岡良仁選手（第25回大会）などが名を連ねています。

連絡先：公益財団法人日本テニス協会

URL：https://www.jta-tennis.or.jp/tabid/881/Default.aspx

日本一の柔道家を決める大会

全日本柔道選手権大会

体重や年齢などの制限がない無差別級で行われる男子柔道の日本一決定戦。昭和23年から開催されている歴史のある大会で、全国の柔道家が頂点を目指します。オリンピック、世界柔道選手権と並ぶ日本の柔道三大タイトルのひとつ。各地区から選ばれた選手が出場できます。

詳しくは公益財団法人講道館のホームページをご確認ください。https://kdkjudo.org/

世界柔道選手権

「世界柔道」と呼ばれる柔道の世界選手権大会で、第1回は1956年。当初は男子のみで開催されていましたが、1980年には女子の参加も開始。オリンピックでは行われない無差別級が含まれます。権威はオリンピックと同格で、現在でもＩＪＦワールド柔道ツアーで最高峰に位置づけられています。

歴史あるスキーの国内大会

全日本スキー選手権大会

全日本スキー連盟が主催する大会で予選会を通過した人が参加できます。ジャンプ、アルペン、スノーボードなど6種目に分かれていて、競技ごとに別会場・別日程で行われます。第1回大会は1923年に北海道小樽市で開催されました。

連絡先：公益財団法人全日本スキー連盟

URL：http://www.ski-japan.or.jp/games/schedule/

FISアルペンスキー世界選手権

国際スキー連盟が主催するスキー競技の大会で、2年に一度の奇数年に開かれます。ワールドカップ、オリンピックと並ぶスキーの三大大会のひとつ。世界中の選手が出場するトップレベルの大会で、出場するにはFIS公認大会で得られるポイントを一定以上獲得している必要があります。

数々のドラマが生まれる！

FIFAワールドカップ

国際サッカー連盟（FIFA）が主催する、ナショナルチームによるサッカーの世界選手権大会。サッカーの大会における世界最高峰と位置づけられ、4年に一度開催されます。日本は1998年のフランス大会で初出場を果たしています。

FIFAワールドカップで起きた奇跡

2022年カタール大会で、決勝トーナメント進出をかけたグループステージの第3戦。日本はグループ1位の強豪スペインと対戦しました。負ければ敗退という大事な1戦で、後半からピッチに立った三笘 薫選手。後半開始後6分、三笘選手がゴールラインから出したクロスボールを、ＭＦの田中 碧選手が決めて、2−1でスペインを破り決勝トーナメント進出を決めます。三笘選手のパスは、VARの判定にもつれこむゴールライン際ギリギリからのプレー。三笘選手の1ミリが日本を勝利に導く奇跡を起こしました。

優勝からプロの道へ！最年少のプロe棋士誕生
ゲームという方法で「将棋」を世界に広げたい

インタビュー

篠田伶桜さん

プロe棋士
神戸町立神戸中学校1年（受賞時）
岐阜県立揖斐高等学校1年（現在）

「第1回電棋戦」の
授賞式

早いもの勝ちというスピード感はeスポーツならでは

篠田さんは、小学6年生のときにeスポーツの大会「AICHI IMPACT! 2021」のリアルタイムバトル将棋®で優勝。中学1年生のときには、「文部科学大臣杯第19回小・中学校将棋団体戦岐阜県大会」で優勝するなど、本将棋でも活躍する腕前を持っています。リアルタイムバトル将棋は、コンピューターゲームの技量を競う「eスポーツ」のひとつで、本将棋のように先手・後手で駒を交互に動かすというルールではなく、相手が駒を動かすのを待たずに、次々と自分の駒を動かすことができる将棋のゲーム。「考察力とスピード感が求められるのがeスポーツなんだと思います。一手を指すのに数時間かかることもある本将棋とちがい、勝敗は数分で決まります」と話す篠田さんは、2021年10月に全国初となるプロe棋士に最年少で認定され、13歳のプロゲーマーとして、日本のeスポーツ界で快挙を達成しました。

現在のランキングは競技人口2500人中1位。「大会で優勝できたのはとてもうれしい。リアルタイムバトル将棋®を世界中に広めていきたいです」と言います。

世界初の国際ロータリーeスポーツイベント
「加納ロータリークラブ 魁！ eスポーツ塾！」でも勝利

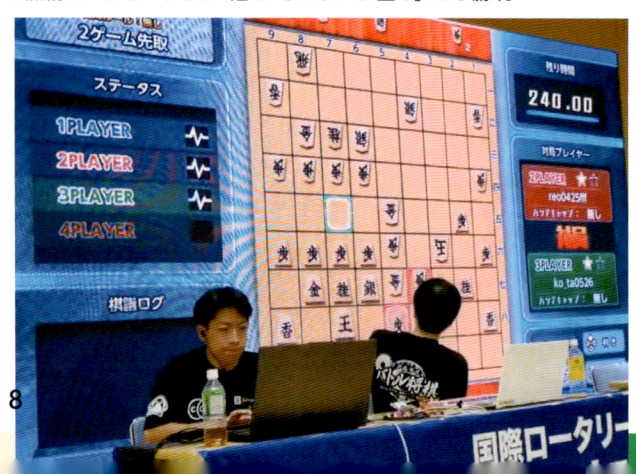

プロe棋士のタイトル戦
「電棋戦」

シルバースターが主催する日本eスポーツ連合公認大会。全国の『プロe棋士選抜大会』を勝ち抜いてきた8名で実施される『プロe棋士決定戦』で勝利し、プロe棋士として認定された4名が競うタイトル戦。出場選手の総当たり戦で、真の王者を決定する。

小3
学童クラブで将棋と出会う

小4
日本将棋連盟岐阜支部の「定期順位戦」で優勝、「小牧陣中将棋大会」E級で準優勝

小5
リアルタイムバトル将棋®と出会う

小6
「AICHI IMPACT! 2021」リアルタイムバトル将棋®で優勝

中1
リアルタイムバトル将棋®「第1回挑神戦」優勝。電棋・銀星・挑神の3冠を達成

未来へ

大切なのは、不安なときほど練習すること。それから楽観的になること

　小学3年生のとき、学童クラブの先生に教えてもらったのがきっかけで、将棋をはじめました。将棋もe将棋も、自分なりの戦法を考えて戦う楽しさがあります。初めは得意じゃなかったけど、練習を重ねていくうちに、頭を使って作戦を考えると勝てるようになってきたんです。それがうれしくなってどんどん練習するようになりました。負けてくやしい思いをしたときも「勝てなかった相手に勝つことが一番うれしい！」と思って、さらに練習しました。今でも、不安なときほど練習して、自分を追いこんでいます。そうしたら次は「何とかなる！」と楽観的になることが大切だと思っています。

将棋の楽しさを多くの人に知ってほしい

　e将棋に出会う前から、本将棋に打ちこんでいた篠田さん。部活動を中心に、本将棋も続けています。「本将棋は一手一手を読んで集中する感じ。バトル将棋は自由に指して、コツとか速さを強くする感じで、それぞれの良さがある」と言います。現在は、リアルタイムバトル将棋®の開発元である株式会社シルバースタージャパンに所属し、大会参加や競技の普及のために活動しています。「ゲームという気軽に参加できる方法で将棋を海外まで広げ、競技人口を増やせたらうれしいです」と話します。

プロe棋士決定戦「第1回電棋戦」優勝

13歳で初代・プロe棋士となる。上月財団の「スポーツ選手支援事業」支援対象者にも選出される

中2

中3
「文部科学大臣杯第19回小・中学校将棋団体戦岐阜県大会」、リアルタイムバトル将棋®「第2回 銀星戦」優勝

高1
リアルタイムバトル将棋®「第3回銀星戦」で優勝。同大会で3連覇達成

ゲームが好きな君にぴったりの賞

2000年以降、コンピュータゲームをスポーツ競技ととらえる「eスポーツ」が広まりました。世界的にも注目されているゲームの世界。ゲームが好きな人が参加できる大会を紹介します。

すぐにチャレンジできる！

マインクラフトでオリジナル空間を作ろう

Minecraftカップ

プログラミング体験やデジタル的なモノづくりを通じた問題発見・解決を目指すツールとして世界各国の教育現場で活用されている「教育版マインクラフト」。Minecraftカップはこのツールを使った作品コンテストです。オリジナルのワールドを作って応募しましょう。

応募要項（2024年の場合）

応募テーマ：Well-being をデザインしよう
応募部門：まちづくり部門／たてもの部門
応募資格：まちづくり部門（19歳までの高校生以下）／たてもの部門（12歳までの小学生以下）
応募方法などの詳細：Minecraftカップ運営委員会事務局
https://minecraftcup.com/application/
応募期間：6月3日〜8月31日23:59

第5回Minecraftカップ（2023年度）
ジュニア部門　最優秀賞
CoderDojo池田石橋の作品

決勝大会に進んでプロを目指そう

TOKYO eスポーツフェスタ presents パズドラオープンカップ

パズドラは、モンスターを育ててパズルを解く新感覚パズルRPG。eスポーツの競技認定タイトルにもなっています。パズドラチャレンジカップとは、パズドラレーダーに実装されている対戦モードを利用して行われる大会。

応募要項（2024年の場合）

募集条件：オンライン予選→オフライン決勝大会
応募資格：2024年4月2日時点で小学生以上
応募方法などの詳細：東京eスポーツフェスタ実行委員会
https://tokyoesportsfesta.jp/wp-content/uploads/2024/11/participant_manual2025_v1.pdf
応募期間：11月13日18:00〜12月2日11:59

レベルアップ

最も強い都道府県を決定！

全国都道府県対抗eスポーツ選手権

日本各地の予選を勝ち抜いた都道府県代表チームによって競われる、eスポーツの全国大会で、最強の都道府県が決まります。2019年の第1回の優勝は開催地にもなった茨城県。第6回となる2024年の開催地は佐賀県。ぷよぷよeスポーツ、パズドラ、Identity V第五人格、eFootballの4部門を実施。また、eFootball部門は大会史上初めてモバイル参加が可能になりました。

連絡先：全国都道府県対抗eスポーツ選手権実行委員会
URL：https://jesu.or.jp/2024saga/

さらにレベルアップ！

「ストリートファイター」シリーズの
世界最高峰のeスポーツ大会

CAPCOM Pro Tour

人気格闘ゲームシリーズである「ストリートファイター」の最新作で世界最強を決めるカプコン公式世界大会「CAPCOM CUP」。その出場権をかけ、世界中のプレイヤーが「CAPCOM Pro Tour」で戦いを繰り広げます。中でも「CAPCOM Pro Tour 2024 SUPER PREMIER JAPAN」は、2日間にわたって開催され、成績上位2名が「CAPCOM CUP 11」への出場権を獲得しました。詳しくは「CAPCOM Pro Tour」の公式ホームページをご確認ください。

URL：https://sf.esports.capcom.com/cpt/jp/

さらに！ さらにレベルアップ

CAPCOM CUP

2013年から開催されているカプコン公式の世界大会。11回目となるこの大会は、日本の両国国技館で開催され、優勝賞金は100万ドル。個人戦とは別に、世界最強チームを決める「ストリートファイターリーグ：ワールドチャンピオンシップ 2024」も同時に開催。

©CAPCOM

さらにレベルアップ！

第三者視点でキャラクターを操作する
シューティングゲーム

FNCSメジャー

世界的人気ゲーム「フォートナイト」の公式大会。オープン予選、準決勝、グランドファイナルの順に勝ち進み、グランドファイナルで勝ち残った人が、FNCSグローバルチャンピオンシップに出場できます（2024年の場合）。「フォートナイト」は、約2km四方の小さな島で100人のプレイヤーが戦い、勝ち残った一人（1組）が優勝というゲームです。

FNCSメジャー日程：

https://www.fortnite.com/

competitive/news/fncs-is-back-for-2025

さらに！ さらにレベルアップ

FNCSグローバルチャンピオンシップ

「フォートナイト」の世界大会で、シーズン最後の戦いであり、世界一を決める大会。2024年は、米国テキサス州フォートワースで開催され、日本からは5チームが参加。世界中のトッププレイヤーたちが、賞金総額200万2000ドル、優勝賞金40万ドル（日本円にして約5700万円）をかけて戦いました。

ニュースで話題！

プレイヤーとファンが参加するコミュニティの祭典

The International

ゲーム「Dota 2」の世界大会。グループステージ、プレーオフまでは「The Road to the International」、トップ8以降が「The International」として開催。「Dota 2」は、2つのチームが対戦し、敵の陣地を先に破壊した方が勝者となります。

The Internationalって何？

第1回はドイツのケルンで開催された「Gamescom 2011」のブースで行われ、イベントとしては地味なものでしたが、110万ドルという賞金額が注目を集めました。2021年は賞金総額4000万ドル（約44億円）という規模で開催。2023年からは賞金プールのシステムが変わりましたが、高額賞金大会として注目されています。2024年はコペンハーゲンで開催され、招待チームの6チーム、予選から勝ち進んだ10チームで優勝を争いました。

一人でも多くの人が演奏で元気になってくれたら。 出会いを大切にピアノの音色を届ける

インタビュー

そうちゃん（久保壮希さん）
中学校1年（受賞時）
中学校2年（現在）

©フジテレビ
TEPPENの椅子に座る、そうちゃん

ピアノの魅力を多くの人に伝えたい

2024年に放送されたフジテレビ系「芸能界特技王決定戦TEPPEN」のピアノ対決で、12歳にして優勝したピアノ少年そうちゃん。課題曲を演奏し、ミスしたら負けのミスタッチバトルと、勝負曲フリーパフォーマンスバトルの合計点で競い、史上最年少で見事、優勝しました。

ストリートピアノを演奏したり、ユーチューバーとしても活動中で、YouTubeチャンネル「そうちゃんピアノchannel」では、独自のアレンジで、有名曲を弾きこなす演奏動画が人気です。作曲も大好きで、2023年に開催された

たKAWASAKI夢フェスタのテーマ曲「夢をさがそう」は、小学6年生のときに作った曲が採用されたそう。いろいろな活動をすることで、多くの人と出会い、そしてコラボレーションする機会も増え、「誰かと音楽を奏でることも楽しい」と話します。夢は、音楽を通じて世界中に喜びと感動をもたらすこと。「僕の演奏で元気になってくれたり、癒されてくれたり、ピアノをやってみたいなんて思ってくれたりしたらとてもうれしい」と話します。

基礎練習は、なぜやるのかを理解できればがんばれる

各分野の猛者たちが、特技を披露しナンバーワンを決定！

「芸能界特技王決定戦 TEPPEN」

2010年よりフジテレビ系列で不定期放送されているバラエティ番組。ピアノ、ダンス、ボウリングなどの特技を持つ有名人が集結し、トーナメント形式でその分野での頂点を狙う。2024年8月にはピアノの歴代王者や令和の新勢力が対決する「芸能界特技王決定戦 TEPPEN ピアノ歴代王者集結SP」が放送された。

そうちゃんの道のり

4歳
電子ピアノを購入し、ピアノを弾きはじめる

ピアノ教室に通いはじめる

運命の出会いとなったピアノ絵本

5歳

YouTubeチャンネル「そうちゃんピアノchannel」開設

小3

「TEPPEN」出場3カ月前には、TBS系「THE神業チャレンジ」で2度目の優勝を果たす

中1

フジテレビ系
「芸能界特技王決定戦 TEPPEN」優勝

オリジナリティあふれる演奏で、聴く人を魅了する

そうちゃんが演奏するピアノは、技術的な正確さはもちろん、音で表現する感情や物語性で注目を集めています。クラシックから現代音楽まで、幅広いジャンルをこなし、独自のアレンジを加えた曲には、聴きなれた曲調に新しい世界観が吹きこまれています。演奏会やイベントで演奏することも増えていますが、今後はボランティア活動に力を入れたいそう。石川県の避難所や関東の老人施設、小児医療施設などで演奏することで「被災地などで不安な思いをしている人にも、自分の演奏で元気になってもらえたらいいな」と話します。

初コンサート開催。老人施設などでのボランティア活動にも積極的に取り組む

中2

YouTubeチャンネル「そうちゃんピアノchannel」のチャンネル登録者数が10万人突破

フジテレビ系「芸能界特技王決定戦 TEPPEN」で2度目の優勝

©フジテレビ

未来へ

好きなことで気持ちも自由に

小さいころ、ピアノのおもちゃがついた絵本で遊ぶうちに、本から流れる童謡を聞きとり、演奏するようになりました。5歳でピアノ教室に通いはじめると、初めて見る楽譜に夢中になり、ピアノが大好きになりました。今は人前でも演奏しますが、もともとおとなしい性格で、すごくあがり症でした。
そんな僕が、出会った人たちのおかげもあって、演奏をすることで、言葉よりも自由に気持ちを表現できるようになりました。今でも緊張するけど、ピアノが好きだから、以前より少しは平気になったかな。僕のように内気な人も、大好きなことや楽しいと思うことを自由にやればいいと思います。

音楽が好きな君にぴったりの賞

音楽を学んでいる人にとって、自分の腕前を披露したり、誰かに評価してもらったりする機会はとても重要です。自分の実力試しができる音楽関係の賞を紹介します。

すぐにチャレンジできる！

将来有望なギター奏者を発掘！

ジュニア・ギター・コンクール

幼児から高校生までが参加できるギターのコンクール。ギターを学習している子どもたちが、日ごろの成果を発揮する場として開催されています。予選は課題曲の音源提出。予選を通過した人が、自由曲で本選に挑みます。

応募要項

募集部門：幼児／小学校低学年／中学年／高学年／中学／高校
応募方法などの詳細：
日本ジュニア・ギター教育協会事務局
https://www.guitar.gr.jp/junior/index.php
応募期間：3月5日〜4月25日23:59まで（2025年の場合）

多くのピアニストが参加するコンクール

ピティナ・ピアノコンペティション

未就学児から大人までの幅広い部門を展開。予選からの参加者がのべ約45,000組を超えるピアノコンクールで、世界でも最大規模。国内大会としては異例の「新曲募集事業」を課題曲について実施、また、審査員直筆のアドバイス用紙「採点票」交付は日本初です。

応募要項

応募部門：ソロ部門／デュオ部門／グランミューズ部門
応募資格：各部門で年齢ごとに分かれている階級の資格を満たしていること
応募方法などの詳細：
一般社団法人全日本ピアノ指導者協会
https://compe.piano.or.jp/about/regulation.html
応募期間：4月21日正午まで（2024年の場合）

第46回ジュニア・ギター・コンクール
小学生低学年の部の第1位は
小学校2年生の力丸さん

レベルアップ

学校ごとに参加する合唱コンクール

NHK全国学校音楽コンクール（Nコン）

NHKと全日本音楽教育研究会が主催する合唱コンクール。小学校、中学校、高等学校を対象とした全国規模のコンクールとして毎年開催されています。NHKが制作する課題曲と自由曲で競い合い、受賞校を決定します。毎年7月から9月にかけて、都道府県地区ごとに開催される都道府県地区大会が公開で行われ、代表校を部門ごとに選出します。全国コンクールは、ブロックコンクールの代表校計11校が東京・渋谷のNHKホールで演奏を行います。

連絡先：全国のNHK（https://www.nhk.or.jp/ncon/entry/pdf/inquiry.pdf）
URL：https://www.nhk.or.jp/ncon/

さらにレベルアップ！

演奏家として活動の場を広げるチャンス

日本ヴァイオリンコンクール

プロ・アマの制限もなく経歴も問われない、誰でも参加できるヴァイオリンコンクール。純粋な音楽の能力のみを問うコンクールで、曲目の自由度が大きな特徴です。応募資格は15歳以上。入選すればソロの演奏会を開くチャンスが与えられ、演奏家として大きく飛躍できるきっかけが与えられます。

連絡先：日本ヴァイオリンコンクール事務局

URL: https://www.art-center.jp/tokyo/violin-con/vn9/index.html

さらに！ さらにレベルアップ

リピンスキ・ヴィエニヤフスキ国際ヴァイオリンコンクール

3年に1回開催される若手ヴァイオリニストの登竜門的コンクール。17歳未満のジュニア部門と17歳から25歳までのシニア部門があり、ポーランド東部のルブリンで開催されます。2021年のジュニア部門で日本の吉村妃鞠さんが見事優勝。当時10歳の史上最年少優勝として、話題となりました。

ニュースで話題！

最も歴史のある世界3大コンクールのひとつ

エリザベート王妃国際音楽コンクール

ベルギーの首都ブリュッセルで開催される音楽コンクール。チャイコフスキー国際コンクール、ショパン国際ピアノコンクールと並ぶ、世界3大コンクールのひとつで1937年に創設されました。ピアノ、ヴァイオリン、チェロ、声楽の4部門があります。

さらにレベルアップ！

若い人の才能を開花させるオーディション

ミラノ派遣オーディション

将来性のある日本の若手音楽家に、海外研修や演奏機会など、世界の舞台を早いうちに体験させることを目的としたオーディション。選ばれた人は、イタリア・ミラノおよびミラノ近郊で行われるコンクールへ参加するための渡航費や参加支援までの全サポートを受けられます。

連絡先：ミラノ派遣オーディション事務局

URL：https://entry.piano.or.jp/contest/contests/2024111

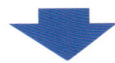

さらに！ さらにレベルアップ

アマデウス国際ピアノコンクール

イタリアで行われるピアノコンクールで、ミラノ派遣オーディションの派遣先にもなっています。2023年の第3回の大会は、1位の該当なし。日本の武用穂花さんと梶原美依さんがカテゴリーE（21〜25歳）で第2位に入賞という成果を収めています。

エリザベート王妃国際音楽コンクールって何？

ピアノ、ヴァイオリン、チェロ、声楽部門のコンクールが、1部門ずつ4年サイクルで開催されます。2025年はピアノ部門です。応募資格は18歳以上31歳未満。第1次予選通過者は、2025年5月にベルギーで開催されるラウンドに進出。ファイナルでは特別に書かれた課題曲と、自分が選んだ協奏曲をオーケストラと演奏。上位6名には賞と賞金が授与されます。

毎日、姉妹で技をみがき、刺激を与え合いながらダンスの世界大会に

インタビュー

ゆいなちゃん（武本柚乃さん）左
中学校2年（受賞時） 中学校3年（現在）

ほなつちゃん（武本帆夏さん）右
小学校5年（現在）

W OD CHAMPIONSHIP 2023で真の世界一になったkirameki☆glitter

日本では有名な天才ダンス姉妹

姉のゆいなちゃんは、世界大会で優勝経験のある天才ダンサー。ほなつちゃんも、数々のダンスコンテストで優勝している天才ダンスキッズです。所属するダンススクール「STUDIOKG」で、それぞれチームを組んで、幼いころからダンス大会に挑戦しています。二人は週に2回、6時間という長時間の練習に励んでいます。その努力が実って、姉のゆいなちゃんが所属するチーム、kirameki☆glitterは「WORLD OF DANCE」CHAMPIONSHIP 2023という、アメリカで開催される世界最大規模のダンスコンテストで優勝。ゆいなちゃんは「年齢制限のない部門で、正真正銘の世界一になれたときは舞台上で大号泣しました。一人ではなく、今までずっと一緒に戦ってきたチームのみんなや先生たちと夢をかなえられたことが本当にうれしかったです」と話します。そして、ほなつちゃんが所属するチームCHIBIMEKIは、「WORLD OF DANCE」TOKYO 2024のチーム部門で準優勝。ダンス界のトップに立つために努力を惜しまない姉妹。思うように動けなくてくやし涙を流すこともあるけれど、日々ダンスの技をみがいています。

汗と涙の先には、たくさんのトロフィー

世界最高峰のダンスコンテスト「WORLD OF DANCE」(W OD)

毎年夏にアメリカで開催されている、世界最大規模のダンスのコンテスト。日本をはじめ、アメリカやヨーロッパなど世界50都市で予選が開催されており、勝ち抜いたチームがアメリカで開催される決勝戦に進出することができる。2016年から2023年まで、日本勢が6大会連続優勝している。

ほなつちゃんの道のり　ゆいなちゃんの道のり

3歳 ダンススクールに通いはじめる

小5 「Dcategory」U12チーム部門で優勝

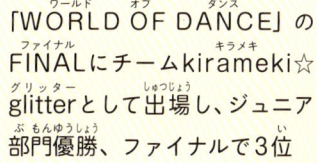

「ALL JAPAN SUPER KIDS DANCE CONTEST」2021 FINALでユニットGLANZが準優勝

「TOP OF THE DANCE」U9部門で準優勝

小1

小6 「WORLD OF DANCE」のFINALにチームkirameki☆glitterとして出場し、ジュニア部門優勝、ファイナルで3位

「ALL JAPAN SUPER KIDS DANCE CONTEST」2022 FINALの小学3年生以下ソロ部門で優勝

小3

中1

小5　**中2**

「WORLD OF DANCE」CHAMPIONSHIP 2023優勝

「WORLD OF DANCE」TOKYO 2024準優勝

WOD TOKYO2024チーム部門で準優勝のCHIBIMEKI

未来へ

姉妹で毎日練習し、技を高め合う

　ほなつちゃんは、3歳のころからダンスをはじめました。先にダンスを習っていた姉、ゆいなちゃんと同じダンススクールに通いはじめます。ほなつちゃんは負けず嫌いな性格で、姉ができていることができないとくやしくて泣いてしまうことも。家でゆいなちゃんにダンスを教えてもらうことが日課です。小さな体からは想像がつかないほど、ダイナミックでパワフルなダンスが人気。メディアに取り上げられることも多く、姉妹で切磋琢磨しながら、ダンスの技をみがいています。

あきらめずに！　挑戦あるのみ！

　一番をめざすことはとても大変なことだけど、結果につながったときに、つらい練習も全部わすれちゃうくらいうれしくて、がんばって本当に良かったと思えます。まわりで応援してくれるみんなに、恩返しができたと思えます。上手くいかなくて苦しいことはたくさんあるし、全然結果につながらないことも数えきれないくらいあります。でも、勝てなくても、不安でも、恥ずかしがらずに、あきらめず、挑戦あるのみだと思います。負けることを怖がらず、いろいろなことに挑戦してみてください！

ダンスが好きな君にぴったりの賞

体育の授業で必須科目になったり、SNSの動画で流行したり、若者を中心にダンスは身近な存在です。ダンスを極めようとする人たちが参加できる大会を紹介します。

すぐにチャレンジできる!

決勝大会出場をかけたチャレンジカップ

DANCE☆DYNAMITE キッズ&ジュニアチャレンジカップ

年齢別に部門が分かれ、ダンスの優位性、テクニック、表現力、パフォーマンス力、そしてチームワークなどを審査する大会。ジャンルを問わず、9名以内のグループで3分間のダンスを披露します。

応募要項

応募部門：アンダーナインクラス（小学3年生以下）/キッズクラス（小学6年生以下）/ジュニアクラス（中学3年生以下）
応募資格：クラスに関係なく、ダンスダイナマイト本戦で3位までに入賞経験のないメンバーおよびチーム
応募方法などの詳細：ダンス☆ダイナマイト事務局

http://www.dancedynamite.com/modules/bulletin/index.php?page=article&storyid=251
応募期間：11月25日まで（2024年の場合）

ダンス部の日本一を決める大会

日本中学校ダンス部選手権 DANCE STADIUM

ヒップホップや創作ダンスなど幅広いジャンルで参加できる、全国規模のダンス競技大会。ダンスの技術だけを競うのではなく、ダンス演技＝作品を競う大会で、音楽や衣装、演出、構成、振りつけなどがバランス良く整っているかが審査の対象。各予選大会で優秀な成績を収めた全20校が、全国決勝大会に進出できます。

応募要項

ダンススタイル：オールジャンル（チアリーディングは除く）

チーム人数：2名以上であること
応募資格：中学校、中等教育学校前期課程のダンス部およびダンス同好会で学校からの承認を得られるチーム
応募方法などの詳細：DANCE STADIUM大会事務局

https://www.dancestadium.com/
応募期間：2025年3月3日（月）〜5月14日（水）（2025年の場合）

レベルアップ

ジュニア・ユース世界選手権の 代表選考会を兼ねるダンス競技大会

オールジャパン・ジュニアダンススポーツカップ

公益社団法人日本ダンススポーツ連盟主催。20の区分に分かれていて、未就学児から高校3年生までの個人・チームが出場できます。競技経験のない小学6年生以下（未就学児・JDSF会員以外も出場可）の区分もあるので、これから競技を目指す人にも向いています。

連絡先：公益社団法人日本ダンススポーツ連盟（JDSF）
URL：https://adm.jdsf.jp/competition/syllabus/240712/

第13回2024年日本中学校ダンス部選手権優勝の帝塚山学院中学校

ストリートダンス日本一を決める
ALL JAPAN HIP HOP DANCE CHAMPIONSHIP

年齢など、さまざまな部門に分かれて日本一を決めるストリートダンスの大会。国際基準をクリアした審査員が採点し、順位が決定します。上位3位に入賞したチームはアメリカのアリゾナ州・フェニックスで開催される「WORLD HIP HOP DANCE CHAMPIONSHIP」への出場権を獲得できます。

連絡先： HIP HOP INTERNATIONAL JAPAN

URL： https://hhijapan.jp/

WORLD HIP HOP DANCE CHAMPIONSHIP

ヒップホップダンスの分野では世界最大規模の大会で、2002年より開催。55カ国以上が参加して、「ダンスで世界をつなげる」をテーマに1週間にわたって、ストリートダンスのイベントを開催します。大会では世界中から集まった最高のダンスクルーが、それぞれのパフォーマンスを披露し、世界タイトルを目指します。

世界最高峰のブレイキンバトル
Red Bull BC One

「勝つことよりも、出場するだけで名誉なこと」と言われるほどで、ブレイクダンスの世界では最高峰の大会。男女それぞれ16名のみが立つことのできる舞台に、世界中のB-Boy/B-Girlたちが挑戦しています。2024パリ五輪のブレイキンで金メダルを獲得したAmiさんが初代女王です。

日本と世界のバレエ界の架け橋
ユース・グランプリ 日本予選

9歳から20歳が対象のクラシックバレエとコンテンポラリーダンスの大会。日本予選は、2002年より開催され、若いダンサーのためにスカラシップを提供する、初めての欧米のバレエコンクールとして注目されました。今でも、日本のダンサーが海外のダンス界とつながりを持つきっかけとして、重要な大会となっています。

連絡先： YGP Japan事務局

URL： https://ygpjapan.jp/

ユース・アメリカ・グランプリ

アメリカ唯一のバレエコンクールで、「ローザンヌ国際バレエコンクール」と並ぶ、若手のバレエダンサーの登竜門のひとつ。毎年ニューヨークで開催され、世界中で行われる地区予選を通過したダンサーが参加できます。若いダンサーたちが教育を受け、プロとして活躍するためのチャンスを与えられる大会となっています。

Red Bull BC Oneって何？

2004年から開催されている1on1のブレイキンバトル。毎年、開催国を変えながらファイナル大会が行われています。トーナメント方式の試合では、3ラウンド制を1対1で戦い、判定は5名のジャッジの票による多数決方式。好成績を残したB-boyやB-Girlは、スポンサーの「Red Bull GmbH」と契約、「Red Bull BC One All Stars」の一員として活動できます。2023年の世界王者決定戦は、全仏オープンの会場として知られるスタッド・ローラン・ギャロスで行われ、日本代表のAmiさんが2度目のタイトルを獲得しました。

スランプを脱出！絶対王者との戦いに勝ち、競技かるた女王の座を獲得

インタビュー

井上菜穂さん
早稲田大学 大学院2年（受賞時）

システムエンジニア（現在）

第68期クイーン位の

トロフィー

研究と競技かるたの両立が、効率と集中力を高める力に

「小倉百人一首」競技かるたの日本一を決める、1月のクイーン位決定戦で優勝し、2024年第68期かるたクイーンになった井上さん。それまで3連覇をしていた絶対王者に挑み、勝利しました。「これまで2回記録係をしていたので、この大会の雰囲気には触れていました。王者の試合も目の前で見ていたので事前にイメージトレーニングができ、頭が真っ白になることはなかったですね」。冷静に戦えたと振り返ります。

早稲田大学かるた会に所属している井上さん。基幹理工学研究科の大学院生で、研究と競技かるたの練習を両立させる日々を送っていました。「研究に時間をさかないといけない分、かるたの練習は量よりも質を意識して、1日ごとに達成目標を決めていました」と言います。前年度は一度も入賞できずに苦しい思いをしながらも、限られた時間で集中して練習しなくてはならない環境で、かえって本番での集中力を鍛えることができ、クイーンの座獲得へつながった、と前向きに話してくれました。

クイーン位決定戦試
合風景

競技かるたの最高峰を決めるタイトル戦

「小倉百人一首競技かるた 名人位・クイーン位決定戦」

滋賀県の近江神宮で毎年1月に開催。競技かるたは年齢や性別を問わず対戦するが、名人位・クイーン位決定戦は、男性と女性それぞれの日本一を決めるもの。予選を勝ち抜いた挑戦者が、前年の名人・クイーンと対戦し、先に3勝した者が、その年の勝者となる。

井上さんの道のり

小1
百人一首に興味を持ち、百首全部を覚える

小6
学校のかるた大会では、6年間ほとんど優勝する

地域のかるた会で競技かるたをはじめる

中2

高3

「全国高等学校総合文化祭」に東京都代表として出場。2年連続全国優勝

2023年の「全国職域学生かるた大会」ではB級準優勝

大2

大学院1

「A級個人戦」で全国優勝

大学院2

「小倉百人一首競技かるた第68期クイーン位決定戦」優勝

くやしい思いが、「好きなこと」を続ける力に

百人一首に興味を持ったきっかけは、古文が好きだった母親の影響。小学1年生のころには百首すべてを暗記していたそう。「通っていた小学校のかるた大会では、6年間ほとんど優勝していました」。中学に上がると、状況は一転。競技かるたをしている先輩に完敗し、くやしい思いを経験した井上さんは、本格的にかるたに挑戦したいと、地域のかるた会に入会します。競技かるたをはじめると、その魅力にますますはまった井上さん。好きなことをずっと続けていく力が、今の強さにつながっています。

未来を生きる君たちへ

「がんばった」と思えることが自信につながる

何かひとつでいいから、自分ががんばったと思えることを探してほしいです。私の学生生活はとても充実していたのですが、それはかるたや勉強、アルバイトなどすべてをがんばったと思えるから。結果がどうであれ、それは自信にもなり、自分を肯定できることにもつながるはずです。すべてで100点の"完璧"を目指さなくても、80点でもいいんです。まずは自分ががんばれそうだと思えることを探してみてください。

「好き!」の先にある いろいろな賞

好きなことにチャレンジし続けること、ひとつのものを突きつめていくことは、楽しいですね。その力を評価してもらえるコンクールや賞に応募し、実力を試してみましょう。

小学生以下の子どもが参加できる将棋大会

イオンモール こども将棋王決定戦

全国各地のイオンモールの、2024年は11のエリアで開催。棋士が審判長として出席し、各会場での指導対局や決勝戦の感想戦に加わります。エリア代表になると、将棋のまち、山形県天童市で行われる全国大会に進出できます。

応募要項

応募部門：初級クラス（初心者〜9級相当）／中級クラス（4〜8級相当）／上級クラス（有段者または1〜3級相当）
応募資格：小学生以下ですべての対局に参加できる人
応募方法などの詳細：
イオンモールこども将棋王決定戦事務局
https://online-event.aeonmall.com/kodomo-shougi/
応募期間：地域によって異なります。6月以降に公式ウェブサイトをご確認ください。

決勝進出まで、何度でも予選大会に参加できる

オセロ小学生グランプリ

オンラインで行う予選大会には全国どこからでも参加できます。予選大会通過選手は対面で対戦する決勝大会に出場。優勝者には世界オセロ選手権への出場権が与えられます。

応募要項

応募資格：小学1年生から6年生。1人で「オセロ」ができること
応募条件：パソコン、タブレット、スマートフォンを使用できる環境にあること、1人1台の端末と個々のメールアドレスが必要
応募方法などの詳細：一般社団法人日本オセロ連盟
https://www.othello.gr.jp/specialinfo/43692
申込期間：予選大会実施日の1週間前〜対局開始1時間前まで。各回の定員は最大256名。各回、定員になり次第受付終了。

イオンモール こども将棋王 決定戦

オセロ小学生グランプリ
全国大会会場では、家族の応援を受けて、熱い戦いが繰り広げられます

プロの道を目指して

文部科学大臣杯 少年少女囲碁大会

全国大会には各県大会を勝ち抜いてきた小中学生約200名が参加。小学生・中学生の囲碁日本一を決定します。囲碁キッズが出場を目標にしている大会で、好成績を収めるとプロ棋士も参加するワイズアカデミー杯への出場権を獲得できます。

連絡先：公益財団法人日本棋院
各県大会の日程は、以下のサイトをご確認ください。
URL：https://www.nihonkiin.or.jp/
event/amakisen/junior-gochampionship/45/kentaikai.html

そろばんの実力を試す大会

全国そろばんコンクール

毎年11〜12月に全国で開催されます。地域ごとに大会が開かれ、それぞれの部門で全国100位までが表彰されます。難易度も高くなく、そろばんを習っている小学生が気軽に参加できる大会です。

連絡先：一般社団法人日本珠算連盟事務局
URL：https://www.shuzan.jp/kyougikai/soroban/

作品が全国紙に掲載される

全日本小学生・中学生書道紙上展

全国から寄せられた書道作品ひとつひとつを慎重に審査、優秀な作品が読売新聞に掲載される新聞紙上の展覧会。全国の小学生、中学生が参加できます。書写書道の技術向上を図るとともに、文字を書くことで個性を表現し、これからの豊かな人間形成につながることを目的にしています。

連絡先：公益社団法人日本書芸院
URL：https://www.nihonshogeiin.or.jp/
category/exhibition/shotyu/

絵で語り言葉でつづるアートの世界

絵と言葉のチカラ展

芸術の分野で新しい表現ジャンルを育てることを目的に設立されたコンクール。15号以内の絵画とエッセイ、詩、俳句、短歌、物語など400文字以内の言葉を組み合わせた作品を募集。絵を描くこと、言葉をつづることを大切にした、「生きるチカラ」や「深い思い」が伝わる作品に賞が贈られます。

連絡先：「絵と言葉のチカラ展」実行委員会事務局
URL：https://www.nobuko-art.com/

将来の夢はプロボウラー

文部科学大臣杯 全日本中学ボウリング選手権大会

ＪＢ登録会員で中学校に在籍する満15歳未満、各連盟から推薦された男女が参加できます。全国の中学生チャンピオンを決定する大会で、過去の優勝・入賞者は国内トップクラスの選手に成長して、日本代表として活躍しています。

連絡先：公益財団法人JAPAN BOWLING
URL：https://www.japan-bowling.or.jp/
syusai_syousai/juniorhigh/

繰り返しの練習が、成功につながる
達成感を追求して、史上最年少でタイトル獲得

インタビュー

大川大和さん

沼津市立金岡中学校3年（受賞時）
静岡県立沼津東高等学校1年（現在）

「日本けん玉協会杯争
奪戦」のトロフィー

💡 難しい技や新技挑戦の連続

　第40回日本けん玉協会杯争奪戦で優勝した大川さん。けん玉の高難易度の技20種目でその正確性を競うこの大会では、父の英一郎さんも第26回に満点優勝。親子でのタイトル制覇となりました。祖父の隆久さんは日本けん玉協会県支部の初代支部長、日本一の実力者でもある父はけん玉教室の指導者。大川さんは、まさにけん玉一家で育ちました。「難しい技や新しい技は、何度も何度も挑戦して初めて成功する。そのときの快感と達成感。ミスをなくすための

練習じゃなくて、そんな気持ちを味わうための練習でした」と大川さんは言います。ただ、この大会のときは高校受験を控えていたため、勉強モードと大会優先モードの切り替えを大切にしたとか。「練習時間が限られたことで、ゾーンへの入り方が上手くなったかな。次の目標は最高権威の大会の『全日本けん玉道選手権大会』で優勝すること。けん玉はライフワークであり、これからもやり続けていこうと思っています。将来はけん玉に限らず人に何かを伝える仕事に就きたい」と話してくれました。

　中学生以上の有段者が、高難度の技の正確性を競う
「日本けん玉協会杯争奪戦」

　予選は1種目1回制競技20種目の得点（20点満点）で競い、敗者復活5名を含む上位20名が決勝ラウンドへ進出。決勝では同20種目を50点満点の得点制で競う。優勝スコアは毎年48点以上。対戦相手や技のくじ引きに左右されない、実力日本一の決定戦。勝者になるためには、特に自分のメンタルと向き合うことが求められる。

「みどり・シティ・フェスティバル2018」の特設舞台での親子パフォーマンス

大川さんの道のり

4歳

「静岡県けん玉道もしかめ選手権」幼児の部で優勝。年長まで3連覇達成。
「世界最年少のけん玉道初段（有段者）」として「ギネス世界記録」に認定

6歳

世界最年少のけん玉道五段（年齢制限なしの最高段位）として、2度目となるギネス世界記録に認定

大人も含む日本タイトル戦「第16回全日本クラス別けん玉道選手権大会」で最上位のSAクラスで優勝

小4

「第32回文部科学大臣杯　全日本少年少女けん玉道選手権大会」男子の部で優勝

小6

未来へ

成功したときのうれしいという気持ちが原動力に

　父がけん玉の指導者だったこともあり、僕は生後5カ月で、マイけん玉を手にしたそうです。2歳で大皿という技を成功させて、その後、数々の最年少記録を更新しました。小さいころから毎日楽しく練習してきました。大会前には精度を高くするための練習に弱音を吐くこともありましたが、それでも負けませんでした。それも、けん玉が大好きで、新しい技に挑戦して初めて成功したとき、すごくうれしいと思えたからかな。そのときの気持ちを原動力にして、これからも僕は新しい目標に向かって練習を続けようと思っています。

好きなことだから、集中できる、その結果がギネス世界記録に

　大川さんはこれまでに、3度のギネス世界記録に認定されています。2023年に認定されたのは「1分間で『飛行機』を決めた回数」で、57回達成。飛行機は玉を持ってけんを振り上げ、けん先を穴に刺す「初級編」の技。「シンプルな技だからこそ、同じことを正確に続ける集中力が必要。小さいころからの努力の積み重ねが生きた」と、練習での自己ベスト51回を見事本番で更新したことを話してくれました。「好きだから集中して続けられる。新しい技が決まれば楽しいし、自分にしかできない技があるかもしれない」と言います。

「1分間でけん玉の技『飛行機』を決めた回数」で57回を達成。3度目となるギネス世界記録に認定

中3

「第40回日本けん玉協会杯争奪戦」優勝

大会では所作も含む、技の正確性を競う

医師、そしてピアニストとして、二刀流で人々を支える

インタビュー

浅野 涼さん
東京大学1年（受賞時）
あかり在宅クリニック 医師（現在）

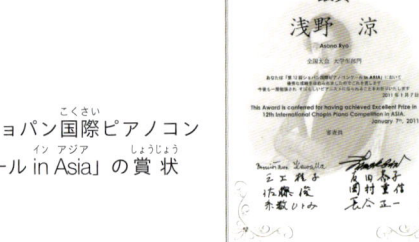

「ショパン国際ピアノコンクール in Asia」の賞状

音楽は人と人とをつなぐコミュニケーションツール

浅野さんは、ショパン国際ピアノコンクール in Asia全国大会で銀賞を受賞したピアニスト。「審査員だったブロニスワヴァ・カヴァラさんにほめていただいたことが、自信につながりました」と話します。灘高校から東京大学理科Ⅲ類へ進学、東京大学医学部医学科を卒業し、現在は医師として働いています。幼稚園児のころからピアノを習いはじめ、今でも演奏活動を続けています。「本来、音楽は感情を表現するものであり、コミュニケーションを取ることに向いています。音楽は一部の人のためのものではなく、誰に対しても開かれているものなんです。たとえば重い障が

いのある子どもたちのための支援学校で演奏をするときも、ディズニーメドレーなどを弾けばたちまち楽しんでくれて、一気に距離が縮まります。言葉は必要ないんですよね」と、ピアノ演奏の魅力を語ります。

現在は医師として在宅診療や緩和医療に携わりながら、病院や高齢者福祉施設、障がい者支援施設、子ども食堂、支援学校などでの訪問演奏会を開催。医療とピアノ演奏を両立させながら、二刀流で多くの人々の心と健康の支えになっています。

あおぞらデイサービスの夏祭りで演奏する浅野さん

幅広い年代に参加資格のあるピアノコンクール
「ショパン国際ピアノコンクール in Asia」

未就学児から大人まで、年代ごとの部門に誰でも参加できるピアノコンクール。地区大会、全国大会を勝ち抜いた勝者が、アジア大会に参加。プロフェッショナル部門の最終審査およびコンチェルト部門のアジア大会では、ポーランドの弦楽四重奏団との共演により審査を行う。

浅野さんの道のり

小1

「ブルグミュラーコンクール」で銀賞

中3

「JPTAピアノ・オーディション」全国大会出場

高1

「長江杯国際音楽コンクール」高校の部1位

高2

「大阪国際音楽コンクール」一般の部入選

「エレーナ・リヒテル国際ピアノコンクール」で3位

18歳

20歳

30歳

31歳

訪問診療をはじめる

未来を生きる君たちへ

人とのつながりを大切に

中学に進学したら、まわりには自分よりも優秀な友だちや先輩がたくさんいました。その人たちに囲まれていたことが刺激になって、医師の道を目指すことにしました。今は、患者さんとコミュニケーションを取りながら治療方法を考えていくこの職業が、自分に合っているなと思っています。

人とのつながりはとても大切だと思います。もちろん、ピアノの練習のように一人で何かに向き合う時間も必要ですが、友だちや出会った人とのつながりを大切にすると、自分のやりたいこと、好きなこと、目標などが見えてくることがあります。可能性を信じて、たくさんの「好きなこと」を大切にしてください。

元気になってもらえることが、原動力

「大切にしていることはコミュニケーション」。言葉だけではなく、心を通わせることが大事だ、と浅野さんは言います。「90歳を超えて外出が難しくなってきた人が、僕の生演奏を聴きたいと、ホールまで車椅子で来てくださいました。そして演奏がはじまると、うれしそうに歌詞を口ずさんでくれたんです。医療だけではなく、音楽にもまた人を元気づける力があるんですね。演奏を楽しみにしてくれている人のことを考えると、改めて身が引き締まる思いがします」とも。そんな思いが、二刀流の浅野さんの原動力になっているようです。

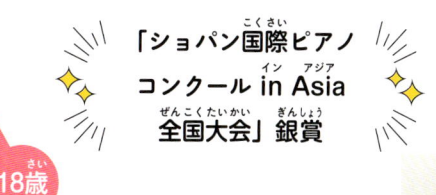

「ショパン国際ピアノコンクール in Asia 全国大会」銀賞

定期的にピアノコンサートを開催する。写真は、タワーホール船堀での演奏会

映画界の最も不名誉な賞
ゴールデン・ラズベリー賞

その年の最低の映画を決める賞。映画界の最高峰の賞であるアカデミー賞発表の前夜に発表される、冗談半分に設定された映画賞。野次を意味する「Razz」からラジー賞とも呼ばれます。授賞式はエイプリルフールの4月1日に開催、ラズベリーをかたどったトロフィーが授与されます。

こぼれ話

「胸を張って負け犬になれない者は、勝者にもなれない」

「不名誉な賞」という位置づけから、トロフィーを受け取る人はほとんどいません。そんな中、第25回の授賞式に、最低主演女優賞を受賞したハル・ベリーが出席。以前受賞したオスカー像を左手に抱えて登壇。右手にはラジー賞のトロフィーを抱え、「胸を張って負け犬になれない者は、勝者にもなれない」とコメントし、その懐の深さが話題になりました。

こぼれ話

記念祭典で行われたのは　エンタメ公演

10周年にあたる2021年は、コンテスト形式ではなく特別バージョンのエンタメ公演として開催されました。テーマは「天下分け目の戦い」。歴代レジェンドたちが東西に分かれ、作品を披露。「東軍と西軍、どちらの作品が素晴らしいか？」を来場者が投票する、来場者参加型のショーバトルが繰り広げられました。

ダンス界のレジェンドを決める戦い
Legend Tokyo

ダンスのエンターテイメント的な大会。振りつけ師として、クリエイターとして、指導者・講師として、ダンスのエンタメ作品を創るために必要な才能すべてで競い、「誰もが楽しめる作品か」が評価ポイントとなります。ダンスエンタメ界のレジェンドを決めるべく2011年にスタート。

世界のおもしろい賞

プレイヤーとして活躍している選手や芸術家たちも、意図していないところで賞を受賞していることが。ちょっと変わった角度で活躍するともらえる、世界のおもしろい賞を紹介します。

サッカー界の最も華麗なゴールに与えられる賞

FIFA Puskas Award

リーグ戦やカップ戦、FIFAが主催する男子または女子のサッカーの試合中に、最も美しいゴールを決めた選手に贈られる賞です。毎年10ゴールがノミネートされ、専門家投票50％と一般投票50％で受賞者が決まります。

こぼれ話

ノミネート7回！それでも受賞していないメッシ選手

これまでに、ロナウド選手やネイマール選手などの有名選手が受賞。そんな中、この賞の最多ノミネート記録を保持しているのは、史上最高のサッカー選手と称されているリオネル・メッシ選手。アルゼンチン代表として活躍し、数々のサッカー界の賞を受賞してきた選手ですが、過去に7回Puskas Awardにノミネートされているものの、意外にも一度も受賞したことがありません。

こぼれ話

プロフットボール殿堂にも選ばれたペイトン選手

設立当時は「マン・オブ・ザ・イヤー」という名称の賞でしたが、受賞者の一人であるウォルター・ペイトン選手が亡くなったときに、賞の趣旨を体現したような生前の功績がたたえられ、今の名称に変更されました。彼は、NFLの偉大な記録保持者であり、プロフットボール殿堂にも選ばれている選手です。彼の葬儀には多くのファンが集まり、今もなお、多くの人々に愛され続けています。

社会貢献をした選手に贈られる賞

ウォルター・ペイトンNFLマン・オブ・ザ・イヤー

NFL（ナショナル・フットボール・リーグ）のフィールド上で活躍するだけではなく、チャリティーやボランティア活動など、試合以外での社会貢献に尽力する選手に贈られる賞。毎年、候補者数十名が選出され、その中から受賞者が決められます。

誰にでも世界一になれるチャンスが！

ギネスワールドレコーズ

世界中の誰もが挑戦できて、世界一になるチャンスがある賞。イギリスのビール会社ギネス社の代表取締役ヒュー・ビーバーが、狩猟中に「最も速く飛ぶ鳥は？」という疑問を持ち、それがキッカケで、世界記録を集めた本を作ったのがはじまりです。ギネスに認定されると認定証が贈られ、ギネス世界記録として本に掲載されます。

こぼれ話

人類のあらゆる挑戦を記録

ギネス世界記録は、認定員がジャッジするか、ルールの基準を満たせば認定されます。これまでの記録には、最も背の高い女性や最も長い爪を持つ人など身体的特徴のものから、エベレスト登山最多回数、eスポーツの大会で1回に100万ドルを稼いだ最年少ゲーマー、100本のフラフープ同時回しなどまで、ユニークなものがたくさんあります。

あの偉人が取った！賞

スポーツや芸術の分野でも、常に第一線で活躍し、多くの人に希望を与える偉人たちがいます。日本国内をはじめ、世界の舞台で活躍して、表彰されている、みんなも知っている偉人が受賞した賞を見てみましょう。

メジャーリーグで偉業を成し遂げた日本人選手
イチロー選手と大谷翔平選手が取った
MLBコミッショナー特別表彰

アメリカのメジャーリーグで、歴史的偉業や功績を残した選手またはグループに贈られる賞。日本人では2005年に262安打でシーズン最多安打記録を塗り替えたイチロー選手と、2021年に開幕から二刀流で活躍し、投手として9勝、打者として46本塁打をマークした大谷翔平選手が受賞しています。この賞は、MLBの最高責任者であるコミッショナーの自己判断で不定期に贈られ、受賞者には野球ボールをモチーフにした金色のトロフィーが授与されます。

世界最速のスプリンター
ウサイン・ボルト選手が取った
ローレウス世界スポーツ賞

世界のスポーツの各分野で活躍した個人および団体を選出してたたえる賞として、2000年に創設。「スポーツ界のアカデミー賞」として複数のカテゴリーで受賞者が選出されます。ジャマイカの陸上選手であるウサイン・ボルト選手は、世界陸上選手権の100ｍ、200ｍで世界記録を更新した偉業がたたえられ、2009年と2010年に2年連続で受賞。その後、ロンドン五輪で短距離3冠、リオ五輪で100ｍ、200ｍでオリンピック3連覇を達成し、2013年、2017年にも受賞しています。

当時14歳！史上最年少の記録樹立
柳楽優弥さんが受賞した
カンヌ映画祭最優秀男優賞

フランス南部の都市カンヌで開かれる世界で最も有名な国際映画祭。ベルリン国際映画祭、ヴェネツィア国際映画祭と共に、世界三大映画祭のひとつとして世界中で注目されている祭典で、映画に関する多くの賞が選出されます。2004年に日本人で初めて最優秀男優賞を受賞した柳楽優弥さん。当時14歳だった柳楽さんは、カンヌ史上最年少での最優秀男優賞受賞ということで話題となりました。

18部門受賞の快挙を達成
真田広之さんが受賞したエミー賞

アメリカ国内で放送・配信されたテレビドラマや番組、テレビ業界への功績に対して与えられる賞。テレビに関する賞としては、最高権威の賞として位置づけられています。日本の俳優である真田広之さんは、自身がプロデュース・主演を務めるFXのドラマシリーズ『SHOGUN 将軍』で、2024年の作品賞・主演男優賞・主演女優賞をはじめとした主要部門を総なめ。エミー賞史上最多の18部門を制覇する快挙を成し遂げました。

その年に、各分野で活躍した功績者に贈られる
荒川静香さん、羽生結弦さん、松任谷由実さん、
東野圭吾さんなどが受章した紫綬褒章

学術や芸術、技術開発、スポーツなどの分野で優れた業績を上げた人に国から贈られる日本の褒章のひとつ。毎年、春と秋の2回、天皇陛下から授与されます。フィギュアスケートでオリンピック金メダルを受賞した荒川静香さんや羽生結弦さん、多くのヒット作を世に送り出しているシンガー・ソングライターの松任谷由実さん、「ガリレオ」シリーズなどのミステリー小説で知られる作家の東野圭吾さんなどが選ばれています。

STAFF

編集・制作 ● conté 高作真紀・平間美江
執筆協力 ● 山田幸子
イラスト ● 真崎なこ
デザイン ● 大悟法淳一、永瀬優子、
　　　　　武田理沙、王 茘宸（ごぼうデザイン事務所）

協力

株式会社WIN AGENT
株式会社シルバースタージャパン
STUDIOKG
一般社団法人　全日本かるた協会
株式会社クレオ

好きからはじまる！ 未来につながる「世界の賞」

③ スポーツ・ゲームが得意なきみへ

2025年3月　初版第1刷発行

著　　「世界の賞」取材班
発行者　三谷 光
発行所　株式会社 汐文社
　　　　〒102-0071　東京都千代田区富士見1-6-1
　　　　TEL 03-6862-5200　FAX 03-6862-5202
　　　　https://www.choubunsha.com/
印　刷　新星社西川印刷株式会社
製　本　東京美術紙工協業組合

ISBN　978-4-8113-3196-6　NDC371
乱丁・落丁本はお取り替えいたします。
ご意見・ご感想はread@choubunsha.comまでお寄せください。